RAFAEL LLANO CIFUENTES

OTIMISMO

5ª edição

QUADRANTE

São Paulo

2023

Copyright © 1994 do Autor

Capa
Provazi Design

Dados Internacionais de Catalogação na Publicação (CIP)

Cifuentes, Rafael Llano
Otimismo / Rafael Llano Cifuentes — 5ª ed. — São Paulo: Quadrante, 2023.

ISBN: 978-85-7465-515-4

1. Otimismo 2. Pessimismo 3. Vida cristã I. Título

CDD-248.4

Índice para catálogo sistemático:
1. Otimismo : Vida cristã 248.4

Todos os direitos reservados a
QUADRANTE EDITORA
Rua Bernardo da Veiga, 47 - Tel.: 3873-2270
CEP 01252-020 - São Paulo - SP
www.quadrante.com.br / atendimento@quadrante.com.br

SUMÁRIO

UMA OPÇÃO: OTIMISMO OU
PESSIMISMO 5

AS FONTES 35

OS CAMINHOS DO OTIMISMO 61

NOTAS 93

UMA OPÇÃO: OTIMISMO OU PESSIMISMO

Atitudes e fatos

As atitudes são mais importantes do que os fatos. Os acontecimentos mudam de cor e consistência de acordo com as atitudes que assumimos perante eles. Para todos nós existem auroras e crepúsculos, alegrias e dores, sombras e luzes, acontecimentos deprimentes e fatos estimulantes, mas nós os avaliamos de modo completamente diferente conforme a mentalidade de cada um.

Uns lamentam-se por não poderem conseguir o melhor; outros, na mesma situação, alegram-se de que o pior lhes tenha sido poupado. Aqueles pensam no bem de que foram privados, estes reparam nos males que não os atingiram. Os primeiros entristecem-se porque já desfrutaram de metade das suas férias, os outros vibram porque ainda lhes resta a outra metade... O mesmo fato adquire uma relevância bem diferente segundo um ou outro dos parâmetros mentais que parecem condicionar a vida humana: o otimismo e o pessimismo.

Li em algum lugar, já faz certo tempo, uma história banal, mas significativa. Uma milionária norte-americana ocupava permanentemente uma luxuosa suíte do Waldorf Astoria, naquele tempo o hotel mais luxuoso de Nova York. De muito mau humor, foi queixar-se ao gerente de que há dias não conseguia descansar:

— No quarto vizinho do meu, algum cabeça de vento fica martelando em cima do piano sem trégua nem descanso. Pago uma fortuna cada semana, e se não mudarem esse inoportuno principiante de quarto, serei eu quem mudará de hotel.

— Desculpe, minha senhora — respondeu polidamente o gerente —, eu não sabia disso. Vamos ver... O quarto vizinho ao da senhora está ocupado por... Ah, claro!... Não há dificuldade na mudança, ele concordará, é uma pessoa muito educada...

— Quem é? — perguntou a senhora com curiosidade crítica.

— Paderewski, que deve estar ensaiando para o seu próximo concerto no Carnegie Hall.

— Paderewski! — exclamou a senhora —, não diga! Não o mude de quarto, não; adoro Paderewski.

E a partir de então passava horas a fio escutando os ensaios do grande pianista. A vaidade também entrava de permeio: cada dia telefonava a uma de suas amigas para dizer-lhe em segredo:

— Hoje interpretou genialmente um *intermezzo* de Chopin...

Às vezes, só ouvimos o ruído da vida e não a sua íntima melodia. Só captamos

7

o seu lado detestável, molesto, deprimente, e não sabemos detectar os valores positivos que encerra. Não há muito tempo, alguém me dizia: "Não pode imaginar o que é a minha vida: divido o meu trabalho com os afazeres de casa; é uma "lufa-lufa" entre o emprego e o lar. O senhor nem faz ideia do que me "aprontam" os meus cinco filhos. Não param! Estão o dia inteiro brincando. Outro dia, o caçulinha abriu a geladeira de qualquer jeito e quebrou um pote enorme de marmelada... e o encontrei no chão lambuzando-se todo! Não há quem aguente..."

"Mas a senhora devia considerar — comentei-lhe — que o seu apartamento é bom. O emprego do seu marido e o da senhora dão para pagar um aluguel razoável. Já esteve alguma vez numa favela?... Os filhos dão muito trabalho..., mas lembra-se do filho daquele seu amigo, que anda de cadeira de rodas? Esse não pode "aprontar". E diz que tudo isso a deixa cansada?... Pois dê graças a Deus por tudo. Ah!, e sabe por que caiu o pote da geladeira? Porque estava cheia demais... Há quem não tenha geladeira."

Com frequência, só prestamos atenção ao martelar desagradável do piano e não à sinfonia escondida entre as suas vibrações: as condições de uma vida digna, a saúde dos filhos, a capacidade de trabalho. Tantas coisas que outros almejam e que nunca chegaram a possuir.

Por que somos assim? Por que só valorizamos a saúde quando a perdemos? Por que só sentimos a fundo a importância de um pai ou de uma mãe quando já não estão mais ao nosso lado? Por que não sabemos viver a vida como ela é, tomando consciência profunda da alegria de viver, desse dom maravilhoso da própria existência humana?

Nós não podemos mudar os fatos. Mas podemos mudar as atitudes. É a atitude o que filtra a realidade: o pessimista absorve o negativo; o otimista, na alquimia do seu espírito, transforma o chumbo em ouro. Para nós, há um filtro que purifica

e clareia todas as intrincadas circunstâncias da vida: o filtro da fé.

Mais adiante aprofundaremos na
ideia fundamental que nos revela a fé
como fonte do otimismo, e a ausência
de Deus, como principal causa gerado-
ra de pessimismo. Mas agora, inicial-
mente, vamos apenas examinar as três
grandes perspectivas temporais da vida
humana: o passado, o presente e o futuro. Cada uma dessas mentalidades, a
positiva e a negativa, tem uma influên-
cia decisiva sobre o modo de avaliá-las
e plasma nelas um cunho específico e
característico.

A arte de aproveitar o passado

Diz o ditado que "águas passadas não
movem moinhos", mas em alguns casos
parece que movem e removem os rede-
moinhos da alma.

Há pessoas que vivem ancoradas no
passado. Este cobra aos seus olhos uma
tal importância que estão como que

incrustadas no mundo da infância ou da juventude. Como os caranguejos, têm olhos nas costas: são os "saudosistas".

Outros guardam nos porões da memória lembranças negativas empilhadas em camadas superpostas, aparentemente mortas e inativas, mas que com o decorrer dos anos vão fermentando e convertendo-se em substâncias extraordinariamente tóxicas. As doenças que sofreram, as injustiças de que foram objeto, os fracassos, as oportunidades que perderam, deixaram a sua marca. Talvez tenham sido pequenas feridas que não chegaram a cicatrizar porque continuamente se voltava a mexer nelas. E o que era um simples arranhão da vida converteu-se numa ferida purulenta.

É uma experiência repetidamente verificada que muitos operam esse eterno retorno ao passado em forma de lamentações: "Ah!, se eu não tivesse deixado de aproveitar aquela oportunidade!", "Ah!, se naquele dia não tivesse deixado a minha filha sair de casa!", "Ah!, se não tivesse feito aquele investimento ou tomado aquela decisão!"

As pessoas que assim se lamentam sofrem do que os alemães chamam o *complexo de Drosselbart*. O nome provém de uma lenda familiar ao mundo germânico, referida por um especialista em psicologia aplicada, Helmut Sopp:

"A princesa tinha rejeitado altivamente a proposta de casamento do bom rei Drosselbart. Mas sofreu, depois, um revés da fortuna. Quando abandonava o país, sumida na mais absoluta pobreza, ao cruzar caminhos e campos, ia perguntando: 'De quem é essa magnífica mansão?'. 'Pertence ao rei Drosselbart', respondiam-lhe. E uma voz muito profunda dentro dela se lamentava: 'Ah!, se eu tivesse me casado com Drosselbart, este castelo seria meu... E aquelas videiras magníficas, de quem são?'. 'Do rei Drosselbart...'. 'Ah, se tivesse aceitado a sua proposta, possuiria esses campos tão férteis... E aquelas florestas intermináveis?'. 'Do rei Drosselbart'. 'Ah, se eu tivesse pensado melhor...' (...)

"Existe, por acaso — pergunta o autor — alguma vida humana livre do *complexo de Drosselbart?* Por acaso não nos traz cada novo dia alguma esperança falida, algum conflito insolúvel, alguma recordação penosa, acompanhada sempre pela sensação de que, se nós nos tivéssemos comportado de outra forma, a nossa vida seria melhor[1]?"

O mesmo poderia acontecer com qualquer um de nós, por exemplo com uma mãe de família que dedicou toda a vida ao lar, ao marido e aos filhos, movida por um ideal humano e cristão, e que de repente fica perturbada porque uma amiga "psicóloga" ou "feminista" vem dizer-lhe ao ouvido: "Tantos anos perdidos... Olhe para o seu corpo gasto pelo trabalho e pelos filhos... Não será hora de pensar em si própria? Não se esqueça de que existe o mundo da arte, da cultura, dos divertimentos..." E a pobre mãe de família, psicológica e espiritualmente desguarnecida, começa a girar perplexa, como um parafuso, dominada pelo deprimente "complexo de Drosselbart".

Esta tendência para a lamentação procede de um posicionamento inadequado na vida: a recusa a tomar consciência das próprias limitações, a não-aceitação de uma personalidade concreta, o egoísmo de pensar excessivamente em si mesmo como centro do universo, e sobretudo a falta de conformidade com o que Deus quer ou o que Deus permite: isto é, o desequilíbrio de uma vida que não está centrada em Deus.

De certa forma, referia-se a este complexo Mons. Josemaría Escrivá, ao escrever de maneira peculiar e gráfica:

"Esse sentimento, que é muito real, procede frequentemente, mais do que das limitações concretas — que todos temos, por sermos humanos —, da falta de ideais bem determinados, capazes de orientar a vida inteira, ou então de uma inconsciente soberba: às vezes, desejaríamos ser os melhores sob qualquer aspecto e em qualquer nível.

"E, como isso não é possível, nasce um estado de desorientação e de ansiedade, ou até de desânimo e de tédio: não se pode estar em toda parte ao mesmo tempo, não se sabe a que se há de atender e não se atende a nada eficazmente.

"Nesta situação, a alma fica exposta à inveja, a imaginação tende a desatar-se e a buscar um refúgio na fantasia que, afastando da realidade, acaba adormecendo a vontade. É o que repetidas vezes chamei de *mística do oxalá*[1], feita de sonhos vãos e de falsos idealismos: oxalá não me tivesse casado, oxalá não tivesse esta profissão, oxalá tivesse mais saúde, ou menos anos ou mais tempo!

"O remédio — custoso, como tudo o que tem valor — está em procurar o verdadeiro *centro* da vida humana, o que

---

(1) A expressão original — *mística ojalatera* — envolve, em castelhano, um trocadilho intraduzível; *hojalata* é folha de flandres, lata, e *ojalá* equivale a oxalá. O autor sugere, portanto, que essa mística "é de lata", não vale nada. [N. do E.]

pode dar uma hierarquia, uma ordem e um sentido a tudo: a intimidade com Deus, mediante uma vida interior autêntica"[2].

Parece que o próprio Senhor quis referir-se a essa superação do passado ao dizer: *Deixa que os mortos enterrem os seus mortos; tu, vem e segue-me* (Mt 8, 22). Os "mortos" — os que não têm fé — são os que sepultam os seus próprios mortos na memória, em forma de recordações deprimentes; são os que colecionam, como múmias, as lembranças negativas: esperanças frustradas, a saúde que esmoreceu, o prestígio que se afundou, a segurança que se perdeu...

O coração dessas pessoas assemelha-se a um cemitério. Nos túmulos da sua memória estão enfileirados os seus mortos. Nicho do ano 1964: o meu fracasso profissional; nicho do ano 1968: o acidente de carro; 1973: a desavença familiar... Enfileiradas no muro do seu coração, vão sendo classificadas as frustrações, mágoas, injustiças e recalques. E ainda sobram nichos vazios, disponíveis... "Para que servirão?", pergunta alguém, e o pessimista responde: "Para os problemas, as doenças e as contrariedades futuras. Está vendo? Aquele do ano de 1987 está reservado para o desastre de moto do meu filho, que tanto me apavora; o de 1989, para o assalto à mão armada em minha casa; o de 1991, para a tremenda notícia do meu desemprego; e aquele outro, mais pomposo, do ano 1994, é para o meu futuro enfarte..." Tudo está previsto pelo "comando do pessimismo". Ora, assim não se pode viver!

Aqui se aplicam bem aquelas palavras de São Paulo: *Para os que amam a Deus, todas as coisas concorrem para o bem* (Rm 8, 28). Também a morte, também essa outra *pequena morte* que é a frustração e o fracasso de cada dia. Esse é o lema em que se fundamenta o nosso otimismo cristão, que sabe operar o milagre de converter tudo, até o que parece morto, numa existência renovada. Como a natureza, que vai transformando a corrupção em fecundidade, a putrefação em novos germes de vida. Como o lavrador, que enterra ao pé da árvore os frutos apodrecidos para que sirvam de fertilizante.

É também São Paulo que nos diz que temos de ser atletas (1 Cor 19, 24ss), não mausoléus ambulantes; temos que correr livremente para a plenitude: enterrar de vez os nossos mortos, libertar-nos de um passado deprimente. A alegria de viver reclama abrir-se ao vento da esperança.

Esta libertação tem muitos desdobramentos, mas um deles é de capital importância: a libertação do pecado. O pecado, sem dúvida, pesa — e muito! — na nossa consciência. Como ofensa a Deus que é, não pode deixar de produzir um fardo psicológico, uma sensação de impureza, um vazio e um sentimento de culpabilidade. Tudo isso pesa na alma.

Sei de uma senhora que acordava repetidamente à noite com a sensação de estar ouvindo o choro de uma criança. Queria ir a um psiquiatra. Uma amiga perguntou-lhe: "Não haverá alguma coisa no seu passado que tenha provocado essa coisa estranha?". Ela acabou admitindo que tinha feito um aborto. A sua amiga não duvidou: "Esse choro não é de criança nenhuma; é o choro do seu remorso, por ter tirado a vida de um ser humano. Peça perdão a Deus. Confesse-se". Assim o fez. Nunca mais voltou a ouvir aquele soluço estarrecedor.

Este caso extremo é apenas uma janela que nos permite enxergar milhares de outros casos. Muitas visões negativas, muitas revoltas e neuroses se solucionariam com uma boa confissão e um sincero arrependimento. Também neste sentido Cristo parece dizer-nos: *Deixa que os mortos enterrem os seus mortos*; tu, confessa-te! Dá muita serenidade encarar a vida assim, olhar no âmago da consciência, no fundo do passado, e dizer: "Tudo está bem, estou em paz com Deus e comigo mesmo". O Sacramento do perdão é também o sacramento da paz.

A sabedoria de projetar o futuro

O homem é um caminheiro. A cavalo no presente, com o passado na garupa, cavalga em direção ao futuro. Há um *mais, mais, mais*, que nos incentiva e exige de nós novos esforços sempre renovados, porque em última análise fomos criados por Deus e para Deus — para algo muito grande, incomensurável, infinito —; como diz magistralmente Santo Agostinho: "Fizeste-nos, Senhor, para ti e o nosso coração está inquieto enquanto não descansar em ti"[3].

Este projetar-se para a frente é uma tendência humana indeclinável, potenciada ou atrofiada por essas duas atitudes — o otimismo e o pessimismo — sempre presentes na vida humana.

O futuro pode apresentar-se como um campo aberto às realizações ou como um terreno minado de perigos, como um caminho claro rumo à felicidade ou como uma tortuosa picada na floresta escura. Há quem se aventure pelo seu futuro com espírito de conquista e há quem nele adentre com ânimo apreensivo. E, nestes modos diversos de enxergá-lo, tem um papel importante a imaginação: "a doida da casa", como a chamava Santa Teresa.

Ninguém escolheria uma doida como conselheira, escreve Salvador Canals, uma doida que "nos comunica os seus temores e nos perturba com as suas apreensões, que nos sussurra ao ouvido suspeitas infundadas, (...) que nos faz abandonar a realidade com sonhos fantasiosos, cheios de euforia ou de pessimismo"[4]. Mas muitas vezes é exatamente isso o que fazemos; indícios insignificantes são agigantados pela imaginação: um pequeno caroço transforma-se em câncer, uma dor no peito em ameaça de enfarte, o atraso de um ser querido em desastre rodoviário, um ruído estranho no motor do avião em sentimento angustiante.

Há pessoas a quem as apreensões do futuro estragam as alegrias do presente. Sofrem antecipadamente. Sofrem desnecessariamente. Mark Twain declarava, na sua velhice, que noventa por cento dos seus presságios agourentos, que tanto lhe tinham amargurado a vida, nunca se realizaram: "Sofri à toa", confessava, com um sorriso irônico.

Ao longo da nossa vida, já se terão abeirado de nós amigos, parentes, conhecidos, para nos confidenciarem os seus temores. Um deles, num momento de intimidade, comenta: "Quando me sinto feliz, parece que uma sombra se aproxima de mim com esta ameaça: 'isto vai terminar logo'..." Aquele colega de trabalho vem dizer-nos: "Você não reparou como o diretor anda olhando para mim? Cada vez me convenço mais de que vou ser posto no olho da rua..." O padrão mental destas pessoas é a expectativa do pior; acrescentaram, às sublimes bem-aventuranças evangélicas, uma inventada pelo seu pessimismo: "Bem-aventurados os que não esperam porque não serão desesperados".

Parece que adotaram como filosofia de vida a divertida "lei de Murphy", a quintessência do pessimismo, que tem como base este bizarro princípio de humor negro: "Se alguma coisa puder dar errado, dará errado mesmo. (...) Deixadas as coisas a si mesmas, irão de mal a pior. A natureza está sempre do lado da falha". Princípio que tem variadas e negras consequências: "A probabilidade de que um pão com manteiga caia em cima do tapete com a manteiga para baixo é diretamente proporcional ao custo do tapete; (...) é maior à probabilidade de que o molho caia em cima da toalha se ela for nova e estiver bem limpinha; (...) só se acha um objeto perdido imediatamente depois de reposto; (...) a outra fila sempre anda mais rápido; isso se aplica a qualquer fila, de banco, supermercado, tráfego; não mude de fila porque a lei não muda — a outra fila sempre anda mais rápido"[5].

A piada que faz rir torna-se, infelizmente, em alguns casos, um critério de vida. Eu tinha um amigo que, ao receber um telegrama de família, antes de abri-lo dizia: "Pense no pior". Depois sorria, desanuviado, ao verificar a trivialidade da notícia; mas a verdade é que vivia apavorado.

Esta psicologia da reserva e da covardia cria o tipo humano da *tartaruga neurótica*, lenta, medrosa, ponderando cada passo, cada decisão, bem protegida sob a sólida carapaça feita de mil cautelas. E se a tartaruga já é de per si ridícula e ineficiente, imaginemo-la neurótica! É a imagem plástica do homem apreensivo e pessimista.

O filósofo Millán Puelles, para distinguir a ordem real da ordem mental, utiliza esta imagem expressiva: "De um gancho pintado, só se pode pendurar uma corrente pintada"[6]. Pois bem, há pessoas que conseguem, com a sua imaginação, pintar uma desgraça tão bem pintada, tão realista, que nela acabam por pendurar catástrofes autênticas: uma ansiedade tão real que produz insônias, uma hipocondria tão verdadeira que termina elevando a pressão arterial e abrindo úlceras no estômago. É que a doida da casa —

a imaginação — terminou endoidando-os: sofrem de uma das muitas anomalias do pessimismo que se poderia chamar a síndrome do "isso vai acontecer comigo".

Não podemos imaginar os estragos que essa ótica deformada provoca na personalidade. Por um lado, entristece o presente, torna inseguro o caminhar, diminui as forças, tira o ânimo e prejudica a saúde da alma e do corpo. Mas, por outro lado, — e este é um aspecto relevante —, as apreensões do presente barram a feliz realização do futuro. O pensador alemão Wassermann expressou esta ideia com uma frase incisiva: "O temor cria aquilo que se teme"[7].

Podemos dizer que *a expectativa do fracasso já é um fracasso*. É que o pessimismo, o temor de ser malsucedido, provoca uma natural inibição da nossa capacidade: torna-nos apoquentados, tímidos, covardes. Bloqueia, por assim dizer, todas as nossas potencialidades de vitória, embota a visão e impede que enxerguemos todos os elementos necessários à realização do empreendimento. E é isto o que provoca o fracasso.

Pelo contrário, *a expectativa da vitória é já metade da vitória*, porque essa disposição otimista estimula, abre campos de visão mais largos, aptos para captar todos os recursos que propiciam o êxito. Incentiva a nossa energia, catalisa a capacidade para nos empenharmos a fundo, outorga resistência e vitalidade ao nosso espírito de luta e termina, assim, criando condições favoráveis ao bom resultado do projeto.

"Há um único caminho para a felicidade — diz Epicteto, traduzindo para nós a sabedoria clássica —; e esse caminho é deixar de nos preocuparmos com as coisas que estão além do poder da nossa vontade". Este princípio pagão é muito sábio, mas muito frio, além de ser insuficiente. Porque, se as coisas estão fora do nosso poder, em poder de quem estarão? Do acaso? Do destino?

A felicidade que Epicteto nos propõe não encontra resposta para além dessas perguntas. É uma felicidade *estoica*, que se consegue com uma forte educação da vontade, mas que não chega a intuir a suavidade e a paz do pensamento cristão. *Não vos preocupeis com a vossa vida (...). Olhai as aves do céu, que não semeiam nem colhem, (...) e Deus as alimenta; quanto mais valeis vós do que as aves! Quem de vós, à força de seus cuidados, pode acrescentar um côvado à duração da sua vida? (...) Olhai os lírios como crescem; (...). Se Deus veste assim a erva, que hoje está no campo e amanhã é lançada ao forno, quanto mais a vós, homens de minguada fé?* (Lc 12, 22-31).

Este abandono nas mãos de Deus não é uma justificação da imprevidência — Deus não promove os irresponsáveis e os preguiçosos —, mas uma muralha indestrutível contra a inquietação infecunda.

Teologicamente, sabemos que Deus nos dá graças *atuais* para solucionarmos problemas *atuais*; mas não nos dá graças *atuais* para solucionarmos as "bobalheiras" futuras forjadas pela nossa imaginação.

Temos que fazer o propósito firme de rejeitar as nossas *preocupações* — fruto da imaginação — e trocá-las por *ocupações*. As preocupações crescem à margem das nossas ocupações, geralmente nos momentos de ócio e vadiagem. Ocupar o nosso tempo empenhando-nos a fundo na realização de um ideal de vida que represente, diante de Deus, a nossa vocação — este é o remédio mais importante contra qualquer tipo de angústia.

A *serenidade de viver no presente*

Animai-vos cada dia, enquanto perdura o "hoje", diz São Paulo (Heb 3, 13). Eis um lema necessário para conseguir a paz.

Poucas pessoas sabem dar valor ao momento presente: ou retornam ao passado pela memória, talvez para lamentar-se; ou se projetam no futuro com a imaginação, talvez para angustiar-se. Não percebem que, como nos diz o Senhor, *a cada dia basta o seu cuidado* (Mt 6, 34).

Um provérbio do mundo greco-romano, para mostrar a calma e a serenidade com que se devia louvar a Deus, proclamava: *"Adoraturi sedeant"*[8], os que hão de adorar a Deus que se sentem, que não tenham pressa, que não sejam ansiosos. E ao lado do oficiante pagão que sacrificava aos deuses, estava sempre um pregoeiro que não cessava de dizer em voz alta: *"Age quod agis, age quod agis"*[9]; faz o que estás fazendo, não te distraias, compenetra-te com a tua ocupação, vive o momento presente. *Demos a cada ocupação o seu tempo* (Ecl 3, 1).

Evitaríamos muitas inquietações pessimistas se vivêssemos um princípio que é como o resumo de uma vida: "Faz o que deves e está no que fazes"[10].

Isto não quer dizer que devamos ser imediatistas, ou que não devamos dar a cada momento o valor que tem em termos de futuro. Muito pelo contrário, significa aproveitar com intensidade o presente, "viver cada minuto com vibração de eternidade"[11].

Se soubéssemos olhar as coisas com a perspectiva de Deus, não nos deixaríamos impressionar pela força dos acontecimentos imediatos; não converteríamos em "tragédias" — como tantas vezes fazemos — as incidências que nos surpreendem e impacientam pelo seu impacto inesperado.

Neste sentido, é muito útil lembrarmo-nos dos nossos "dramas" de tempos passados: a repreensão do pai ou do professor, uma reprovação, o mau negócio que fizemos, aquela despedida que nos parecia uma perda irreparável... representaram então verdadeiros abalos sísmicos na nossa personalidade, e hoje são apenas incidentes, simples incidentes, se não autênticas brincadeiras de criança. Por que não nos perguntamos, quando ficamos nervosos: "O que significará esta 'tragédia' de hoje daqui a dez anos?"; ou melhor, por que não indagamos, segundo um velho costume cristão: *Quid ad eternitatem?*, que representará isto para a eternidade? Subsistiriam em nós tantos sobressaltos, tantas

preocupações e pessimismos, se soubéssemos ver a vida do ângulo de Deus?

Não gostaríamos, por acaso, de adquirir essa feição serena que observamos no
rosto desses velhos lutadores da vida, que
sabem passar por cima das incidências
cotidianas com o otimismo e a paz de um
São Paulo? *Transbordo de alegria em toda
a nossa tribulação* (2 Cor 7, 4): calúnia,
perseguições, infidelidades, naufrágios,
cárcere, martírio...

O viver metidos em Deus, seguros
nesse refúgio firme, terminará dando-
-nos a forte constituição das rochas que
desafiam, como vanguardas do litoral, as
tempestades, as caprichosas marés das
opiniões alheias, os vendavais das contrariedades e desgraças.

Deveríamos traduzir estas ideias em
propósitos concretos. Pode servir-nos,
por exemplo, um roteiro simples, sugeri-
do pelo médico Austen Riggs: perguntar-
-se, em primeiro lugar, se o problema é
realmente *meu*; se não o for, deixá-lo de
lado. Se for, perguntar-se se é possível

resolvê-lo *agora*; se for possível, fazê-lo, sem atrasos, covardias ou hesitações. Se não for, anotá-lo na agenda, na data apropriada. E, em terceiro lugar, se for necessária a ajuda de um especialista — médico, advogado, sacerdote —, ir procurá-lo imediatamente e dar ouvidos ao seu conselho[12].

Só há uma maneira de viver com plenitude: assumir o presente, — *hoje, agora!* —, aproveitando as experiências do passado e deixando-nos guiar pela mão do nosso Pai-Deus a caminho do futuro.

A cada jornada deveríamos dizer, ao levantar-nos, com otimismo: *Este é o dia que o Senhor nos fez; alegremo-nos e regozijemo-nos nele* (Sl 117, 24).

Nestas três grandes dimensões da vida humana — o passado, o presente e o futuro —, o decisivo não são tanto os fatos quanto as atitudes. Qualquer problema que enfrentemos, por mais penoso que seja, não será tão importante quanto a atitude que adotemos perante ele: uma atitude de abandono em

Deus, ou uma inquietação derivada da nossa falsa autossuficiência.

Reparemos que com a mesma uva se obtêm o vinho e o vinagre. Temos de tomar uma decisão. No nosso coração não cabem dois lagares, dois tipos de fermentação: ou escolhemos o vinagre da amargura ou preferimos o vinho da alegria. A cada um de nós cabe fazer sua própria e personalíssima opção.

AS FONTES

A fonte do pessimismo

A filosofia inerente ao pessimismo é a filosofia do ateísmo.

Esta afirmação poderá parecer excessivamente radical e absoluta. Mas, se aprofundarmos nos diversos matizes do pessimismo — partindo da simples inquietação até chegar ao desespero, passando pela depressão e pela ansiedade —, veremos que, no fundo, está sempre presente de uma maneira mais ou menos profunda um afastamento de Deus.

Isto tem uma explicação lógica. Todo homem que exerce as suas funções racionais, isto é, que pensa — e não simplesmente vegeta —, questiona-se sempre a respeito do sentido da sua vida.

E quando não obtém uma resposta adequada, sente de alguma forma a ansiedade ou a angústia.

Quando alguém suprimiu a religião da própria vida, quando alguém, como Jean-Paul Sartre, chega a afirmar que "Deus morreu"[13], começa a sentir o *absurdo* da existência como uma experiência *nauseante*: "A palavra Absurdo nasce agora da minha pena (...). Eu compreendi que havia encontrado a chave para as minhas Náuseas (...). Com efeito, tudo o que pude compreender a partir de então resume-se a esse absurdo fundamental"[14].

Realmente, é absurdo gozar de uma existência racional e não encontrar a razão da própria existência, ou encontrá-la talvez numa verdade muito simples: o destino é morrer. "É preciso compreender que para nós — diz Camus —, tanto na vida como na morte, não há pátria nem paz. Porque não se pode chamar pátria a esta terra espessa, privada de luz, onde vamos servir de alimento a animais cegos"[15].

Jean Cau, também discípulo de Sartre, dissipa com um sarcasmo ainda mais incisivo quaisquer dúvidas que pudesse haver sobre as conclusões necessárias a que chega esse ateísmo consciente: "Se Deus não existe, não te vejo apenas perdido, meu amigo, meu semelhante e meu próximo. Se Deus não existe, tu, meu amigo, meu semelhante e meu próximo, és para mim uma porcaria (...); não passas, homem, de um pobre excremento parlante"[16].

Talvez não se possa chegar mais longe. Talvez a dignidade humana nunca tenha sido tão gravemente injuriada: essa *lucidez infernal* do ateísmo empurra-nos como se fôssemos vermes ou escaravelhos à procura dos excrementos. É isto o que provoca, segundo Karl Jaspers, "a insondável tristeza (...) que invade o mundo"[17]; é isto o que determina aquela pessimista definição de Sartre: "o homem é uma paixão inútil"[18].

Certamente este sentimento nauseante da vida não está presente nas nossas amizades habituais, no colega de trabalho que não acredita em Deus, nem nessa juventude brilhante que se bronzeia na praia, completamente indiferente a qualquer preocupação religiosa. Mas, se aprofundarmos um pouco, veremos aflorar angústias e inquietações, receios e perplexidades por detrás desses estilos de vida despreocupados e "otimistas".

Cada um de nós poderia deixar falar as próprias experiências. Se permitirmos que a nossa memória se manifeste, veremos desfilar diante de nós uma longa ladainha de lamentações. É o colega que nos diz: "Sinto a vida que tenho pela frente como uma incógnita". Ou o amigo que nos confidencia: "Na verdade, não sei por que vivo e para que trabalho". Ou um conhecido qualquer: "Sempre estou duvidando; quando tenho que tomar uma decisão, sinto-me mal, como se estivesse na encruzilhada de uma estrada que se bifurca. Não sei qual caminho seguir, e depois de ter escolhido, tenho sempre a impressão de que errei. Por quê?".

Todas estas situações, ainda que não pareçam, são o eco mais ou menos longínquo da ausência de Deus. Em todas elas há um fundo de insegurança. E como os alicerces são fracos, o edifício da vida treme. São bem significativas estas palavras do Evangelho: quem vive longe de Deus *é semelhante ao insensato, que edificou a sua casa na areia. Caiu a chuva, vieram as torrentes, sopraram os ventos, e deram sobre a casa, e ela desabou, e a sua ruína foi grande* (Mt 7, 26-17).

Mas mesmo antes de chegar o desmoronamento derradeiro — o fracasso de uma vida sem eternidade —, esta ruína já se torna presente nos tremores do solo, na fragmentação de ideias que pareciam inabaláveis, no deslizamento das camadas geológicas mais profundas da personalidade, e por isso se experimentam essas ansiedades e esses medos.

Não há dúvida de que não é preciso ser ateu para ser pessimista. A palavra "ateu" tem uma carga muito forte, parece muito "solene". Há poucos ateus declarados e muitos pessimistas. É que, para ser pessimista — e bastante pessimista —, basta ser "um pouco ateu". Basta que a fé não seja plena.

Para alçar voo por cima dos momentos penosos da existência, a fé tem que ter uma qualidade indispensável: a plenitude. Ser cristão exige coerência: ou se é ou não se é. Não se admite o meio-termo, ambivalente, "anfíbio". O meio-termo morno — uma fé pela metade — traz também consigo uma meia-segurança, uma meia-serenidade e um meio-otimismo, isto é, um estado crepuscular, um pouco de luz entre as sombras, tão propício para que se manifestem os fantasmas do pessimismo. Há muitos cristãos pessimistas porque há muitos cristãos mornos, tíbios. Na realidade, há uma relação inversamente proporcional entre a fé e o pessimismo: mais pessimismo, menos fé; mais fé, menos pessimismo.

Vemos claramente esta relação se a confrontamos com a vivência da frustração.

A nossa experiência pessoal mostra-nos que existem duas espécies de frustração. A primeira, sentimo-la quando não conseguimos o que desejamos. A segunda, muito mais profunda e dolorosa, experimentamo-la quando conseguimos o que desejamos e percebemos que, em última análise, aquilo não nos satisfaz: "Tantas esperanças para isso? Valeram a pena tantas lutas e tantos sofrimentos?…" Não era o que imaginávamos. É que, sem reparar, estávamos absolutizando o relativo, estávamos divinizando o terreno. No fundo, procurávamos Deus.

Muitos homens e muitas mulheres já foram ensinados por esta didática soberana do tempo, que recoloca cada coisa nas suas devidas proporções. Muitos, depois de recolherem os despojos do seu naufrágio matrimonial, descobrem que, em vez de se terem casado com uma fada ou um príncipe, casaram-se com uma mulher ou um homem de carne e osso, circunscrito nos limites da sua condição humana, submetido às fraquezas, ao desgaste natural do trabalho, dos anos e das doenças.

Quem não poderia contar, ainda que em ordens diversas, experiências análogas? É a tristeza encerrada nos últimos momentos de uma festa longamente esperada; é o olhar melancólico que a menina lança ao seu primeiro vestido de noite — amarrotado e feio —, quando na manhã seguinte se levanta para ir à escola; é a passagem do altar para a cozinha, do amor romântico para as responsabilidades do lar, tão depressivo para algumas esposas jovens; são os aplausos do triunfo que se apagam e ficam no esquecimento; é a publicação que exigiu tantos esforços e esperou tanta fama, e que no fim se reduziu a mais um volume entre muitos numa biblioteca empoeirada; é a rajada de ar fresco, ao sair do cinema no domingo à noite, que vem recordar que amanhã é novamente segunda-feira, a insuportável rotina de sempre.

O homem que deposita as suas esperanças em valores *exclusivamente* humanos e terrenos parece que vai aprendendo a duras penas esse inexorável ensinamento do tempo.

Alguns parecem empenhar-se em não aprendê-lo a fundo. Enganam-se pensando: "mais tarde será diferente: quando for mais velho, quando receber o meu primeiro salário, quando entrar na universidade, quando me casar, quando tiver filhos e triunfar no trabalho, quando me aposentar, então é que serei feliz". Mas não reparam que a única coisa que estão fazendo é atrasar com a imaginação o momento da frustração derradeira, aquela que não tem remédio, e que os espera no final da vida.

"Para que vivi?", exclamava agonizante o poeta Musset. "Toda a minha vida estive à espera de alguma coisa, e essa coisa nunca chegou!". É uma pena. Mas muito maior pena dá verificar que a frustração, isto é, a sensação de fracasso, constitui a realidade da maioria das pessoas que vivem longe de Deus, numa proporção talvez surpreendente para muitos. Vivem

43

como que dentro de um túnel, "e não compreendem o esplendor e a segurança e o calor do sol da fé"[19].

Esses não tomam consciência do caráter anormal da sua situação. Vegetam no letargo da precária segurança que lhes dá o dinheiro, o prestígio ou a saúde. Domesticados dentro da redoma da sua paisagem familiar, do seu trabalho, dos seus divertimentos, com uma autossuficiência vital que parece nada reclamar do auxílio de Deus, não reparam na fragilidade dos seus alicerces. E de repente alguma coisa inesperada tem a ousadia de desequilibrar essa autossuficiência que parecia tão sólida.

Por qualquer circunstância, porque um dia, visitando os lugares que povoaram a sua infância, sentem-se outra vez crianças; porque as comove um detalhe de carinho ou porque as deprime uma decepção amorosa; porque uma doença as retém no leito; porque uma contrariedade ou um perigo iminente as obriga a reconcentrar-se sobre si mesmas; porque morre um ente querido, ou por qualquer outra razão semelhante, compreendem que entre o que hoje são e o que desejavam ter sido há um abismo; tomam consciência de que entre a sua alma e Deus — o seu Pai-Deus, para quem foram criados e pelo qual sem sabê-lo suspiram — se levantam as paredes frias de um túnel, por onde as suas existências vão resvalando sem sentido.

"Corruptio optimi, pessima". Não há corrupção pior do que a corrupção do melhor, diz o antigo provérbio. E que há de melhor no homem do que esse desejo infinito de amor, de felicidade, de plenitude? Por isso, a pior tragédia humana consiste em procurar a felicidade onde ela não se encontra.

De uma forma bem eloquente já o dizia Santo Agostinho: "Infeliz a alma audaz que, fugindo de ti, meu Deus, esperou encontrar algo melhor; dá voltas e mais voltas na sua cama; tudo se lhe torna duro, porque só Tu és o descanso"[20].

A fonte do otimismo

"Não sejas pessimista. — Não sabes que tudo quanto sucede ou pode suceder é para bem?

"— Teu otimismo será consequência necessária da tua fé"[21].

A fonte do nosso otimismo é a fé.

A fé não é um "assunto de padres", um problema "de sacristia": é um tema vital que compromete o próprio sentido da existência. Acreditar que Deus existe ou que não existe é o ponto mais importante da vida humana.

Se Deus não existe, a vida é "um caos apocalíptico"[22], dirá Charles Charbonneau. Se Deus não existe, "só há uma verdade, uma verdade fácil de entender e difícil de aceitar: os homens morrem e não são felizes"[23]; "a existência humana é um perfeito absurdo para quem não tem fé na imortalidade"[24], escreverá Camus. Se Deus não existe, "somos uma raça de doentes mentais"[25], dirá Koestler. Se Deus não existe, somos "náufragos num planeta condenado"[26], afirmará Wiener. Se Deus não existe, todo "o Humanismo é estéril; é um humanismo do inferno"[27], acrescentará Sartre. E ainda Dostoiévski sentenciará literalmente: "Se Deus não existe, não percebo como é que um ateu não se suicida imediatamente"[28].

Mas, se Deus existe, se Ele está ao nosso lado como um Pai amoroso, por que inquietarmo-nos, por que perder a paz e o otimismo? Por que não nos deixarmos penetrar por esse equilíbrio íntimo, por essa serenidade que se desprende dessas palavras simples e profundas do Senhor que são *como um rio de paz* (Is 66, 12) no mar agitado das nossas ansiedades e pessimismos? *Não se vendem dois passarinhos por um asse? Todavia nem um só deles cai em terra sem a vontade do vosso Pai. Quanto a vós, até mesmo os cabelos todos da vossa cabeça estão contados. Não temais, pois valeis mais do que muitos pássaros* (Mt 10, 29-31).

Quando a fé ocupa todos os espaços e abrange a vida toda — o passado, o presente e o futuro —; quando ela representa um verdadeiro abandono nas mãos do nosso Pai-Deus, como não havemos de ser otimistas! Mons. Josemaria Escrivá assim repetia: "Que confiança, que descanso e que otimismo vos dará, no meio das dificuldades, sentir-vos filhos de um Pai que tudo sabe e que tudo pode"[29].

Uma passagem do Evangelho indica claramente os polos extremos entre os quais a mente humana pode oscilar — o pessimismo que decorre da falta de fé e a paz e otimismo que dá a presença de Deus. Jesus entra na barca com os discípulos. Inesperadamente, levanta-se a tempestade. Toda a turbulência do mar se lança sobre a pequena embarcação que ameaça desaparecer entre as ondas. Os apóstolos tremem, apavorados. O Senhor, porém, dorme esgotado de cansaço; a sua tranquilidade contrasta vivamente com a agitação e o medo dos apóstolos. Aos gritos, acordam o Senhor: *"Salva-nos, que perecemos!"* E Cristo levantou-se sereno, *increpou os ventos e o mar e se fez grande bonança.* E disse-lhes, recriminando-os: *"Por que estais amedrontados, homens de mesquinha fé?"* (Mt 8, 23-27).

Nas dificuldades e perigos da vida, quando a barca começa a balançar, quando a insegurança e a angústia, como grandes vagas, querem alagar o fundo da nossa alma, não podemos deixar-nos invadir pelo pessimismo e pelo temor. O Senhor está ao nosso lado. Parece que está ausente, dormindo, que não se preocupa com as nossas coisas, mas está presente, vivo, como no meio da tempestade.

Deveríamos ver junto de nós essa figura branca que se destaca contra o fundo sombrio de tantos perigos, esse rosto sereno golpeado pelos ventos, estendendo os braços sobre o mar num gesto decidido para gritar-lhe com a voz forte de comando que rege as energias íntimas da Criação: *Acalma-te*. Por que duvidas, homem de pouca fé?

Conta Santa Teresa, no *Livro da Vida*, que no meio das maiores aflições, quando ninguém a compreendia, estando "sem consolo nem no céu nem na terra", temendo mil perigos, levantou o seu clamor de modo muito parecido ao dos apóstolos no meio da tormenta no lago, e o Senhor lhe fez ouvir estas palavras: "Não tenhas medo, filha; sou eu, e não te hei de desamparar; não temas". E sentiu então uma imensa paz, como se o mar da sua alma tivesse serenado totalmente.

"Eu me recordava — escreve — de quando o Senhor mandou aos ventos que estivessem quietos, tendo-se desencadeado a tempestade no mar. Dizia eu também: quem é este, tão poderoso que assim lhe obedecem todas as minhas potências, que num instante faz raiar a luz em tão grande obscuridade, torna brando um coração que parecia de pedra e dá água de suaves lágrimas onde deveria prolongar-se por muito tempo a seca? Quem dá este ânimo? De que tenho medo? Oh, que bom é Deus!, que bom o Senhor e quão poderoso! Dá não só o conselho, mas também o remédio. Suas palavras são obras. Oh, Deus meu, quem tivera inteligência, letras e palavras nunca ouvidas, para encarecer vossas obras como as vê a minha alma! Levantem-se contra mim todos, persigam-me todas as criaturas... e não me falteis Vós, Senhor, porque já tenho experiência do lucro com que tirais a salvo aqueles que só em Vós confiam"[30].

Reparemos que não é o mesmo ter fé e que viver da fé. *O justo vive da fé* (Heb 10, 38): o cristão encontra o seu impulso vital na fé, as tomadas de posição da sua vida fazem-se a partir da fé, e é então que experimenta esse *lucro* de que fala Santa Teresa, que é o prêmio dos que só nEle confiam. O mar torna-se sólido e firme sob os seus pés como quando Pedro caminhava sobre as águas; a vida, pelo contrário, torna-se flutuante e tenebrosa para quem hesita, como quando Pedro começou a afundar entre as ondas por ter duvidado (Mt 14, 22-33).

Num mundo de perplexidades em que os homens, quando sentem medo, se agarram ao que podem — a uma autoafirmação orgulhosa, a um precário apoio humano ou a espiritualismos estranhos e superstições esquisitas —, o Senhor estende-nos sempre a sua mão — como a estendia a um Pedro apavorado — para que a agarremos com firmeza.

Essa mão está continuamente ao nosso lado, para encontrarmos nela como que a conexão com a rede infinita da onipotência e do amor de Deus. Como se, por um ato de profunda fé, nos tornássemos condutores de toda a luz, de todo o calor e de todo o poder de Deus. Já tivemos a experiência da sua presença inefável ao nosso lado? Já nos sentimos alguma vez mergulhados na corrente do mais alto e mais sublime amor, que é o amor de Deus? Já fizemos nossas, pela vivência pessoal, aquelas palavras de São Paulo: *Tudo posso nAquele que me conforta* (Fl 4, 13)? Quando existe essa experiência encarnada, a vida de um homem muda completamente.

É necessário reavivarmos a nossa fé, pedindo insistentemente como os apóstolos: *Aumenta-nos a fé* (Lc 17, 5). Chegaremos assim a mergulhar nas raízes do otimismo e a compreender, em toda a sua extensão e profundidade, estas três verdades que derivam da própria essência de Deus e que são o fundamento de todo o otimismo cristão: Deus é bom; Deus é fiel; Deus é todo-poderoso.

Somos otimistas, em primeiro lugar, porque Deus é bom. *Deus é amor* (1 Jo 4, 8), Deus nos criou por amor e nos criou para amar. Colocou no fundo do nosso ser um anseio infinito de plenitude. Mais ainda, porque Ele é bom, porque nos quer felizes, não pode deixar de nos dar os meios para conseguirmos o objeto desse mandato: um bom Pai, que dá o fim, dá os meios. Compreendemos o que representa saber que Deus está mais interessado, mais empenhado no nosso destino, na nossa felicidade, do que nós mesmos? Não deveria isso encher-nos de otimismo?

Somos otimistas, em segundo lugar, porque Deus é fiel. Cumpre o que promete. Se Ele nos afirma: *A paz vos deixo, a minha paz vos dou* (Jo 14, 27), não seria uma terrível ironia que nos condenasse à intranquilidade e ao pessimismo? Jesus nos diz: *Pedi e dar-se-vos-á; buscai e achareis; batei e abrir-se-vos-á. Porque quem pede recebe, quem busca acha, e a quem bate se abre. Pois quem de vós, se o filho lhe pede um pão, lhe dá uma pedra? Ou se lhe pede um peixe, lhe dá uma serpente? Se, pois, vós, sendo maus, sabeis dar coisas boas aos vossos filhos, quanto mais o vosso Pai que está nos céus dará coisas boas aos que lhes pedirem* (Mt 7, 7-11). Poderá Deus utilizar acentos mais eloquentes e sensíveis para convencer-nos a confiar na sua fidelidade?

Somos otimistas, em terceiro lugar, porque Deus é todo-poderoso: *Não há nada impossível a Deus* (Lc 1, 37). Um cristão que confia em Deus confia também na sua onipotência, como diz o Salmo: *Os que confiam no Senhor são mais fortes do que o monte Sião (...); o Senhor é minha luz e minha salvação. A quem temerei? Mesmo que se levantem contra mim os inimigos, não temerá o meu co-ração* (Sl 26, 1-2). E nesse sentido são impressionantes algumas passagens da Sagrada Escritura, como a de Davi diante daquele Golias que é um gigante na estatura: *Tu vens a mim com espada, lança e escudo; eu, porém, vou a ti em nome do Senhor dos exércitos* (1 Sm 17, 45). E o rapazote de dezesseis anos acabou derrotando o enorme filisteu, não pelas suas forças, mas pelo poder de Deus.

Esse sadio "complexo de superioridade" que nos dá a certeza do poder de Deus nos conduzirá a um suave abandono nas mãos de Deus, que representa o fruto mais saboroso do otimismo cristão: *Meu destino está nas tuas mãos* (Sl 30, 16), Senhor, sei que não me abandonarás. E o Senhor responde: *Pode acaso uma mãe, uma mulher esquecer o próprio filhinho, não se enternecer pelo fruto das suas entranhas? Pois bem, ainda que ela o esqueça, eu não me esquecerei de ti* (Is 49, 15). *Não temas; estou contigo* (At 18, 9-10).

Não posso esquecer uma história que me contou um sacerdote que trabalha em Yauyos, uma das regiões mais escarpadas e inóspitas dos Andes peruanos. Celebrou a missa da meia-noite, no Natal, numa aldeia pendurada a mais de 4000 m de altitude. Os montanheses, de fé simples e profunda, acompanharam-no no caminho da volta, ao lado do cavalo, cantando antigas canções de Natal. Mas, a certa altura, se despediram. Devia celebrar a missa da aurora numa outra aldeia perdida. As estrelas como teto. Como única música, o golpe dos cascos do cavalo sobre a pedra dura.

De repente percebeu que estava perdido. Perder-se nos Andes, naquele labirinto de rocha, representa muitas vezes perder a vida. Um sentimento de angústia o invadiu. Estava só, desamparado. Foi então que sentiu dentro um chamado à realidade: Deus estava com ele, não estava perdido. Largou as rédeas, fechou voluntariamente os olhos, e começou a fazer uma oração de abandono total nas mãos de Deus, como que dizendo: "Senhor, pega tu agora as rédeas e conduz-me por um caminho seguro". E sentiu uma grande paz. Repetiu muitas vezes, com os olhos fechados, essa oração. O tempo ia escoando ao ritmo dos cascos do cavalo.

Percebeu subitamente que o ritmo se acelerava. Lá na sua frente, escondida na montanha, brilhava uma luz, e o cavalinho estava decididamente encaminhando-se para ela. Nunca tinha pensado que naquela região abandonada pudesse viver alguém. O cavalo parou na frente de uma miserável cabana. Desceu.

Deitada no chão, agasalhada entre farrapos, encontrou uma velha que, ao vê-lo, soergueu-se:

— É possível que eu veja o que estou vendo?

— Está vendo um sacerdote.

— Pois é isto que me parece incrível. Faz meses que estou doente de morte, e só pedia a Deus que, antes de morrer, pudesse me confessar. Mas aqui não passa ninguém, muito menos um padre, e me parecia que estava pedindo um milagre. Pois... o milagre neste momento aconteceu.

E começou a chorar longa e pausadamente. O sacerdote inclinou-se sobre ela, e ouviu-lhe a confissão. Pouco depois de dar-lhe a absolvição, a senhora entrava em agonia. Ajoelhou-se a seu lado, rezando. A presença de Deus lhe gritava, parecia reboar das escarpas daquelas imensas montanhas ao redor. Pouco depois, a seu lado, ajoelhava-se silencioso o filho daquela pobre mulher. Disse apenas estas palavras:

— Foi a noite de Natal que o Senhor escolheu para nos visitar. Foi um grande milagre.

Incríveis experiências cristãs! E, no entanto, repetidas mil vezes neste vinte séculos de cristianismo, em todas as partes do mundo!

Ao recordar esta história, penso muitas vezes na tensão febril das nossas cidades, dos que percorrem as nossas ruas;

na apreensão pessimista que abala tantos homens e tantas mulheres; na insegurança pelo futuro que tolda tantos corações. Por que não soltar por um momento as rédeas da nossa vida, fechar os olhos pela oração e balbuciar umas palavras de abandono? *O Senhor é meu pastor, nada me faltará* (Sl 21, 1). *Pusilânimes, reconfortai-vos e não temais: eis que o nosso Deus vem em nosso socorro e nos salvará* (Is 34, 4).

O que poderá temer, como poderá perder o seu otimismo aquele que realmente se deixa conduzir por Quem tudo sabe e tudo pode?

A fonte de todo o nosso otimismo brota de uma verdade que pode ser sintetizada naquele poema de paz magistralmente cantado por Teresa de Ávila:

> *Nada te turbe,*
> *Nada te espante,*
> *Pois tudo passa.*
> *Deus nunca muda.*
> *A paciência*

Tudo alcança.
Quem a Deus tem
Nada lhe falta.
Só Deus basta![31]

OS CAMINHOS DO OTIMISMO

Este sentido otimista da vida, que é na realidade o único sentido possível da vida cristã, não é algo vago ou impreciso. Tem as suas vias de acesso e os seus canais de desenvolvimento bem delimitados: tomadas de posição e atitudes concretas que em todas as situações da vida nos indicam como deve ser a nossa caminhada. Veremos alguns destes caminhos.

Saber ganhar com humildade.
E perder com paciência

A maturidade nos faz ver de modo diferente as vitórias e as derrotas. Muitas derrotas que se encaram com pessimismo são, na realidade, vitórias. E muitas vitórias superficiais que provocam euforia são, em última análise, derrotas.

Para muitos, o acontecimento mais funesto de sua vida foi uma vitória parcial. Para muitos, também, um sucesso prematuro nos estudos ou na vida profissional, um louvor desmedido dos companheiros e amigos, supôs a morte dos seus melhores afãs. "Tristes profissões e títulos, escreve Albareda, que morrem no momento em que nascem: a tomada de posse coincide com a paralisação da atividade"[32].

Para uns, o título de formatura é o túmulo do seu desejo de saber; para outros, a cátedra universitária é o patíbulo da sua nobre inquietação científica; para estes, o fim da lua de mel é o início de um amor rotineiro e desleixado; para aqueles, um êxito apostólico foi o estopim de um orgulho que acabou por derrubá-los.

"Conquistar é mais fácil do que conservar a conquista", escrevia Montesquieu. No esforço da conquista, incentiva-nos muitas vezes a vaidade ou o próprio ardor do desafio e da aventura; mas, para conservá-la, devemos trabalhar no anonimato — na monotonia do que já não supõe novidade —, talvez só por responsabilidade humana e por fidelidade a Deus. E isto não é fácil.

Mas é necessário também sublinhar a importância de que se reveste este outro aspecto da questão: saber perder com otimismo.

Vem-me agora à lembrança o contraste que oferece a brilhante figura do jovem Napoleão diante da obscura personalidade de Kutusov, o velho general russo, tal como os apresenta Tolstói em *Guerra e paz*.

Napoleão derrota brilhantemente o exército russo em Austerlitz. Kutusov não desanima, e reorganiza o exército enquanto recua. Os franceses avançam rapidamente até o coração da Rússia. Uma batalha indefinida — Borodino — dá a Napoleão o acesso até Moscou. Mas Kutusov ainda não desiste. Como uma velha raposa, acompanha escondido na floresta todos os passos do exército francês.

O inverno desce das estepes e cai sobre os franceses como uma pesada e silenciosa artilharia. A moral dos invasores começa aos poucos a desmoronar. Napoleão tenta parlamentar. O inimigo sumiu na sombra. Pouco a pouco, o exército francês não tem outro remédio senão bater em retirada. Kutusov, como um caçador experiente, permanece quieto, e às críticas dos oficiais mais jovens, e até do Czar, responde: "Estão com pressa (...). São como crianças. Só querem provar que sabem lutar. Agora não se trata disso, mas de ganhar a guerra".

Em ataques rápidos, começa a dizimar a retaguarda de um exército que ia sendo despedaçado também por outros inimigos mais poderosos: a fome e o frio. Com uma rapidez progressiva, os fugitivos pretendiam atingir o seu único refúgio de salvação: a fronteira. De Moscou a Viazna, de Viazna a Smolensk, de Smolensk a Berezina... E no rio Berezina Kutusov sai da sombra e com toda a sua força descarrega o golpe mortal, infligindo aos franceses a derrota total e definitiva.

No fim, desabafou: "Todos queriam que se andasse depressa, que se obtivessem rápidas vitórias (...). Kamenski arriscou a vida de 30 mil homens para tomar uma fortaleza. Destruir fortalezas é fácil. O difícil é ganhar a guerra. Para isso não são precisos nem ataques nem assaltos; o indispensável é tempo e paciência. Acreditem: não há soldados mais corajosos do que esses dois: *tempo e paciência*"[33].

A Sagrada Escritura recolhe umas palavras que continuamente nos convidam a meditar: *Melhor do que o forte é o paciente, e quem sabe dominar-se é mais do que aquele que conquista uma cidadela* (Pr 16, 32).

Saber perder com otimismo, paciência e... tempo. Por que queremos sempre as coisas tão depressa? Será que não sabemos dominar a vaidade, o amor próprio ou essa trepidação temperamental que sempre quer ver realizados imediatamente os próprios desejos?

Muitas vezes, os fracassos e as demoras — até as grandes demoras — vêm carregados de benefícios. Propiciam um conhecimento mais profundo da realidade e decantam reflexões mais amadurecidas. Muitas vezes temos de reconhecer, depois de uma contrariedade ou de longos meses de espera, que aquilo que tanto desejávamos e que não se realizou, no fim das contas não era tão necessário para a nossa felicidade.

Diz *Caminho*: "Estás intranquilo. — Olha: aconteça o que acontecer na tua vida interior ou no mundo que te rodeia, nunca esqueças que a importância dos acontecimentos ou das pessoas é muito relativa. — Calma! Deixa correr o tempo; e, depois, olhando de longe e sem paixão os fatos e as pessoas, adquirirás a perspectiva, porás cada coisa no seu lugar e de acordo com o seu verdadeiro tamanho. — Se assim fizeres, serás mais justo e evitarás muitas preocupações"[34].

Olhando para trás e observando, do promontório da situação atual, as coisas que outrora porventura julgávamos trágicas, parecem-nos agora bem diferentes: talvez como um episódio doloroso que nos permitiu aprofundar mais no conhecimento de nós mesmos e evitar quedas futuras, ou como uma sombra no quadro da vida que ressalta e torna mais luminosos certos perfis... Lembramo-nos? A doença de que sofremos; a matéria em que reprovamos; o diagnóstico clínico que esperávamos tão apreensivos; o desengano sentimental que tanto nos custou superar... Pinceladas escuras, talvez as sombras necessárias para fazer o contraste no quadro da vida. Mas não tragédias!

Foi o tempo que operou essa positiva transmutação de valores. Alguém disse que há rasgões na vida que só podem ser cerzidos pelas mãos serenas do tempo. É uma grande verdade.

Quem ama o objeto da sua espera sabe aguardar. Os apressados sempre são imaturos. Os que desanimam com as demoras têm *coração de bailarina*: o ritmo da vida — ao passo de Deus — não segue a cadência de uma "marchinha" de carnaval uniforme e superficial; tem também os seus compassos de espera, e os silêncios... Os homens de Deus sabem dialogar com os gigantescos carvalhos, que só depois de muitas décadas chegam ao seu total desenvolvimento.

Perder uma batalha não significa perder a guerra. Quando se perde uma batalha e se ganha experiência, é como se se obtivesse uma vitória por cima de uma derrota. Dessas derrotas relativas, dessas humildes vitórias, estão feitas as biografias dos homens santos.

Aprender a amar sofrendo e a sofrer amando

O sofrimento e a dor parecem ser o sinal indefectível de uma *tragédia*. Para o cristão, porém, a tragédia converte-se em cruz salvadora. Da cruz brota a Redenção: a cruz não é o fim, mas o começo.

Nunca haverá verdadeiro otimismo em nossa vida se não soubermos amar a cruz, se não soubermos transformar a palavra dor nesta outra palavra paralela: amor. Há um significado de Amor redentor escondido por detrás de cada sofrimento, de cada dor.

Talvez um dos documentos mais impressionantes da Segunda Guerra Mundial seja a autobiografia escrita por Jaime Labatou, ferido mortalmente na famosa batalha de El Alamein, no norte da África. No hospital militar de Damasco, o médico esteve a ponto de assinar o seu atestado de óbito. Mas ainda restava um certo palpitar de vida... Passam os dias. Sucedem-se as operações. O pai de Jaime vem visitá-lo.

— Jaime, sou eu. Teu pai. Ânimo, rapaz!

— Papai, não te estou vendo...

— Isso não importa. A bomba explodiu diante dos teus olhos, mas fica tranquilo... Nada te faltará!

Jaime percebe que está cego. Quer estender os braços para abraçar o pai, mas o esforço termina no vazio.

— Jaime, não te perturbes... A explosão da bomba arrancou os teus braços... Mas nada te faltará.

Tremenda evidência: não tem olhos nem braços.

Seu pai está abatido. Não encontra mais palavras, dá-lhe um beijo e retira-se.

Jaime fica sozinho numa escuridão irremediável. Sente-se como que dentro de um poço sem saída. Não tem mãos para agarrar-se a uma hipotética corda de salvação. E brotou nele a tentação satânica do suicídio.

Mas... quem seria aquele homem que acaba agora de sentar-se à sua cabeceira? Um médico, outro ferido, o capelão do hospital? Jaime lembra-se de que esse homem tinha uma voz serena, amiga. Sentiu-o chegar, sentar-se ao seu lado, cumprimentá-lo afetuosamente... Mas deixou-se dominar pela sua louca tentação:

— Quem é você? Um enfermeiro? Não tem aí um barbitúrico desses que fazem dormir para sempre? Não pode cortar-me as veias para dessangrar-me de vez? Não consigo viver assim.

Então aquele visitante — nunca chegou a saber quem foi — acariciou-lhe longamente a cabeça e começou a dizer com voz vibrante: "Pai nosso, que estais nos céus, santificado seja o vosso nome, venha a nós o vosso reino, seja feita a vossa vontade…"

Foi como se lhe falasse o próprio Cristo. Não podia chorar, porque não tinha olhos, mas sentiu que o coração lhe tremia de uma forma nova. Já não queria morrer! Continuou a rezar, não sabe até quando, como não sabe em que momento aquele personagem se foi embora. Assim descreve ele mesmo os seus sentimentos: "Experimentei um pouco do que Cristo viveu em Getsêmani, quando o invadia a dor e clamou: 'Pai, afasta de mim este cálice!' Mas Ele aceitou: faça-se a tua vontade! E nos ensina a chegar, como Ele, não à resignação — isso é muito pobre —, mas à aceitação. Resignar-se é reconhecer-se vencido; aceitar é vencer.

O que parece sobre-humano, com a graça de Deus chega a ser possível. Jesus não veio suprimir o sofrimento; veio enriquecê-lo com a sua presença. Por isso recobrei a alegria e a esperança".

Jaime Labatou desenvolve hoje o seu trabalho em muitas cidades da França, de trem, de carro, nas emissoras de rádio e de televisão. Só em um ano, deu mais de 200 conferências em outras tantas cidades. E o tema de tantas conferências é a sua própria história, o seu otimismo e a sua paz. Não poderá abraçar os homens com os seus braços amputados. Não poderá ler a palavra do Senhor porque não tem olhos. Mas o seu coração pode gritar aos seus irmãos uma mensagem de otimismo e de amor.

Quando alguém lhe perguntou que palavra pronunciaria para expressar o seu principal sentimento, respondeu sem vacilar: "A palavra *amor*... Eu experimentei o ódio (...), que foi a causa dos meus sofrimentos. Por isso afirmo que a maior desgraça é não amar e não ser amado (...).

E o amor, no fundo, é Deus. Quando vejo um companheiro que sofre, digo-lhe: 'Interessa-te pelos outros; esquece-te de ti mesmo e começarás a ser feliz, porque encontrarás a Deus'. É que não há pior doença do que estar *amputado de Deus*"[35].

Por acaso não descobrimos aqui o sentido positivo da dor? Não vemos como um homem encontrou o sentido redentor da sua vida precisamente no sofrimento? Não seremos capazes de utilizar as nossas pequenas dores como purificação própria e como participação na missão redentora de Cristo? Compreendemos agora por que o otimismo é consequência necessária da fé?

Tirar das quedas impulso

Desanimamos diante dos nossos erros e quedas. Desesperamo-nos com frequência. Mas desespero não é arrependimento. O desespero é consequência da nossa orgulhosa autossuficiência, que diz: caí, não tenho remédio, não há solução para mim. Esse pessimismo é consequência da nossa falta de confiança em Deus, da nossa falta de fé. O arrependimento, pelo contrário, surge quando olhamos para Cristo em vez de olhar para nós. Há um abismo entre o arrependimento de Pedro e o desespero de Judas.

Ambos negaram o Senhor, mas só Judas desesperou. Por quê? Porque entre a negação de Pedro e o seu possível desespero deu-se um fato muito importante: entre os captores que o levavam, *virando-se o Senhor, olhou para Pedro* (Lc 22, 61), e Pedro sustentou aquele olhar que penetrou até o fundo da sua alma. Aquele olhar foi um clarão. Foi como se se pusesse em movimento todo um mundo oculto de recordações: os olhares do Senhor!

Aquele olhar penetrante, à beira do mar de Tiberíades, na hora da sua chamada; ou aquele outro, cheio de pena, quando via afastar-se o jovem rico... Reavivava-se na sua memória a inesquecível expressão das pupilas de Jesus quando falava do filho pródigo ou quando fitava o sepulcro do seu amigo Lázaro... Sim, Pedro conhecia muito bem os olhares do Senhor: cada um deles encerrava um significado. E aquele que, no átrio de Caifás, o transpassou até às entranhas, também levava a sua mensagem. Parecia dizer-lhe: "Tu, meu amigo, a quem tanto quero, renegaste o meu nome... Foste desleal... mas não te esqueças: agora és tu o filho pródigo; sê humilde, reconhece a queda, arrepende-te e receberás o abraço do perdão"[36].

E Pedro, *saindo fora, chorou amargamente* (Mt 26, 71). Não brotariam do seu peito gemidos misturados com expressões similares àquelas do cego de Jericó — *"Jesus, Filho de Davi, tem piedade de mim!"* (Mc 10, 47) —, ou do leproso — *"Senhor, se queres, podes limpar-me!"* (Mt 8, 2)? Não acudiriam à sua mente, naquele instante, aquelas palavras tão significativas de Jesus: *O Filho do homem veio para salvar o que estava perdido* (Mt 18, 11); *os sãos não têm necessidade de médico, mas os enfermos* (Mt 9, 12)?

A amargura do seu pranto era a manifestação de um arrependimento humilde. Algo muito importante estava então acontecendo: estava nascendo um novo Pedro, o verdadeiro, a rocha firme da Igreja. Um Pedro que nos ensina a tirar, dos nossos erros e quedas, impulso.

Podemos cair uma e mil vezes. Mas não podemos desanimar. O único erro verdadeiramente mortal é o desespero pessimista. Porque, no momento da nossa queda, há sempre, dirigido a nós, um olhar tão profundo como aquele que o Senhor dirigiu a Pedro.

A biografia de Pedro, que terminou no martírio, ensina-nos uma importante lição: a de tirar, como tantos santos o fizeram, do pecado, arrependimento; da soberba, humildade; da autossuficiência, desejos de aconselhar-se; da imprevidência, cautela; do corte que mutila, o rebrotar fecundo da videira. Do desânimo, otimismo.

Olhar tudo pelo lado positivo

O que é côncavo de um lado, aparece convexo do outro. Depende só do nosso ângulo de visão. Muitas vezes um defeito é apenas a sombra projetada por uma virtude, como por exemplo a falta de delicadeza que pode acompanhar um caráter forte e tenaz. Podemos perguntar-nos, então: olhamos para a sombra ou para a virtude? A nossa visão é positiva ou negativa?

Tempos atrás li num evangelho apócrifo — isto é, num evangelho que não tem garantia de veracidade — uma história muito bonita. O Senhor andava com os seus discípulos por um daqueles caminhos da Palestina; adiante, à beira da estrada, jazia um cachorro morto. Logo surgiram os comentários: "Que aspecto deprimente", dizia um; "Que cheiro espantoso", reclamava outro; "Está dando náuseas", acrescentava um terceiro. Mas Jesus parou, olhou e disse simplesmente: "Como são brancos os seus dentes! Parecem pérolas". Era a única coisa que restava da beleza perdida[37].

Olhar o lado positivo que todas as coisas têm é um dos aspectos mais importantes da mentalidade otimista: a chuva que estraga o fim de semana é a mesma que beneficia o camponês. É preciso ver tudo com esse toque de otimismo que não deixa de ser um olhar objetivo, integral.

Temos a tendência a dramatizar. Quando *algo* não dá certo, costumamos pensar: *tudo* está errado. Se olharmos um foco infeccioso do nosso corpo pelo microscópio, ao vermos tantos milhares de bactérias purulentas diante da ocular, podemos pensar que tudo está infeccionado. E não é assim. Apesar de tantos milhões de agentes patológicos, essa doença está limitada a um determinado setor; tem que ser diagnosticada e debelada precisamente de uma forma positiva: fortificando o resto do organismo, que, na sua quase totalidade, está perfeitamente sadio.

O mesmo poderíamos dizer de tantas outras coisas: é necessário não impressionar-se com um acontecimento negativo, com um defeito, com uma doença; é preciso ter uma visão objetiva, fugindo das generalizações dramáticas: "Ainda que alguma vez pareça que tudo se afunda, nada se afunda, porque Deus não perde batalhas"[38].

A historieta infantil de Poliana pode ensinar-nos muita coisa neste sentido. Órfã, obrigada a morar com uma tia que não gostava dela, tornada paralítica por um acidente, foi transformando o ambiente à sua volta — família, amigos, toda a vizinhança — porque estava sempre alegre. E a sua alegria provinha do "jogo do contente", que ela inventara a partir do que lhe ensinara o pai: "Não existe mal algum que não tenha uma parcela capaz de nos alegrar".

Ela ia ensinando a todos o seu jogo. Assim, por exemplo, quando a empregada lhe disse que todas as segundas-feiras ficava deprimida, Poliana respondeu-lhe: "Mas você vai ficar contente; basta pensar que vai passar a semana inteira sem outra segunda-feira". A empregada riu muito e não voltou a ficar de mau humor.

A tia Paulina, pessimista por princípio, classificava aquilo de "brincadeira idiota"; mas a menina, à força das suas respostas ingênuas, foi ganhando tanta fama que atraiu um médico de longe, que a curou e começou a namorar a sua tia, convertida enfim ao partido da sobrinha. "Estão vendo como o 'jogo do contente' dá certo?", perguntava a menina. E a tia Paulina: "Sim, não podes imaginar até que ponto dá certo. Graças ao teu acidente vou casar com o Dr. Chilton". E a sua alegria se traduziu num grande abraço[39].

Happy end. "Água com açúcar", poderíamos dizer agora, com ironia — essa ironia que sempre guarda o homem pessimista que levamos dentro —; isso só dá certo nos contos de crianças, mas não na vida real.

Pois então poderíamos propor o "jogo dos adultos". Eis uma receita formidável para isso. Feche-se no seu quarto.

Concentre-se em seus cansaços, nas injustiças e nas mágoas que está sofrendo; amasse tudo isso no seu coração durante vinte minutos; junte um pouco desses ingredientes do passado — saudosismos e recalques —; misture duas xícaras de apreensão pessimista sobre o seu futuro, acrescente três pitadinhas daquelas pequenas invejas pegajosas, coloque umas cerejinhas de rancor que sirvam de enfeite, e leve tudo ao forno da autocompaixão durante trinta minutos. No fim, terá um bolo monumental de problemas. A receita é infalível, mas produz uma indigestão de morte. Ganhamos alguma coisa com esse "jogo dos adultos"?

É Cristo que nos dá o mais forte argumento para fazermos sempre, no meio das contrariedades, o "jogo do contente": *Eu sou a vide verdadeira, e meu Pai é o vinhateiro. Todo o sarmento que em mim não der fruto, Ele o cortará; e tudo o que der fruto, Ele o podará, para que dê mais fruto* (Jo 13, 1-2). Deus permite a contrariedade e a dor para purificar-nos, para podar a nossa vida, a fim de que demos mais fruto.

Não será que nos negamos a fazer o "jogo do contente" simplesmente porque não enxergamos na poda dolorosa a mão do vinhateiro que fecunda, e no corte irritante o bisturi do cirurgião que cura? Não nos teremos tornado por causa disso, em determinadas parcelas da nossa vida, pessimistas revoltados?

Lutar: começar e recomeçar com otimismo

É necessário chamar a atenção para um ponto fundamental: uma coisa é otimismo e outra, bem diferente, um falso "providencialismo", que não passa de uma maneira errada de entender a confiança em Deus. Não há nada mais contrário ao verdadeiro otimismo do que entregar-se a uma gostosa passividade em nome de um ingênuo "pensamento positivo", ou do que cultivar uma esperança infantil e preguiçosa que é, no fundo, um anestésico fatídico dessa dor saudável que a consciência experimenta em face dos seus erros e desleixos.

"A esperança é a última que morre", diz-se com frequência. Esta frase tem um significado muito válido, se bem entendida, mas às vezes representa um posicionamento acomodado: as pessoas agarram-se à esperança como último recurso, até a hora da morte, porque não têm a coragem de lutar até à morte. Enganam-se dizendo: "Ainda tenho chances; a sorte vai bater à minha porta, Deus há de ajudar-me"; e por detrás desse pseudo-otimismo escudam a sua inoperância.

Certo dia deparei, lá pelos lados de Macaé, no estado do Rio de Janeiro, uma tabuleta na entrada de uma chácara. Na sua simplicidade "caipira", encerrava uma grande sabedoria:

Um pedido fiz a Deus,
Para me dar alegria;
E o Senhor me respondeu:
"Zé: trabalha, planta e cria".

O verdadeiro otimismo está alicerçado no trabalho, na luta diária, e não em falsos sonhos e orações comodistas. Alguém dizia que o homem que vive apenas de esperanças acaba morrendo de tédio.

É preciso ser otimista. Mas para isso também é preciso lutar. Lutar com otimismo e lutar a fundo. Mas lutar levando em conta que, como em toda a guerra, nem de todas as operações nascerá a vitória, que a derrota parcial é frequentemente parte integrante do triunfo definitivo.

Assim como o literato introduz uma e outra vez os seus manuscritos no crivo da crítica, para riscar e acrescentar, assim devemos nós tirar forças da fraqueza, com a ajuda de Deus, precisamente no momento em que o nosso ânimo, perante o malogro, chega ao ponto mais baixo: esse é o significado mais genuíno do otimismo cristão.

Quantos pontos finais, quantos pontos de chegada — "Fracassei!", exclama-se —

deveriam ser pontos de partida: "Não fracassei, ganhei experiência; agora recomeço!" Sim, quando no final Deus nos fizer ver com as suas luzes o sentido global da vida humana, viremos a saber que muitas vidas heroicas foram apenas um conjunto de generosos recomeços.

O cristão é essencialmente um homem de luta. Cristo o expressa de muitas maneiras, quando fala da figueira estéril que deve produzir frutos (Mt 21, 18-22), do talento que deve render lucro (Mt 25, 14-30), do servo mau e preguiçoso que foi reprovado pela sua passividade e inércia (Mt 25, 26).

Esta ideia, presente em tantas passagens evangélicas, cristaliza numa frase que representa um critério para interpretar toda a vida cristã: *Não vim trazer a paz, mas a guerra* (Mt 10, 34). Não vim — diz Cristo — ensinar um falso providencialismo que espera de Deus o que o homem pode procurar com o seu trabalho; não vim trazer um otimismo meloso que descarrega na Providência divina as responsabilidades que devem ser assumidas por cada um como tarefa pessoal e intransferível; não vim trazer a "paz dos mortos", essa paz cadavérica e alienante dos folgados e preguiçosos. Vim trazer uma guerra que é condição indispensável para a paz.

A paz e o otimismo na família não se conseguem rezando apenas pelos filhos; é preciso esforçar-se também por educá-los. A paz e o otimismo no estudo e no trabalho, profissional não se atingem "torcendo espiritualmente" para sermos aprovados ou promovidos; é necessário estudar, adquirir a capacitação técnica adequada e entrar com "garra" na nobre peleja. A paz e o otimismo da vida espiritual não são decorrência de um falso abandono *passivo* na vontade de Deus, mas de um abandono *ativo*, cheio de interesse e de iniciativas, para suprimir os defeitos e adquirir virtudes.

Enfim, como diz um conhecido pensamento, "é necessário ter a serenidade de abandonar em Deus as coisas que não podemos mudar; ter a coragem para mudar aquelas que podemos; e a sabedoria para distinguir umas das outras". Prudente conselho que poderá resumir-se naquele aforismo da vida espiritual: "esperar tudo de Deus como se tudo dependesse dEle, e esforçar-nos ao máximo como se tudo dependesse de nós".

Assim lutou o próprio São Paulo. No fim da sua vida, pronunciou aquela frase que coroa o seu trabalho: *Combati o bom combate, terminei a minha carreira, guardei a fé. Já me está preparada a coroa da justiça, que naquele dia me outorgará o Senhor, justo Juiz* (2 Tm 4, 7-8). Talvez o dissesse como um legionário veterano, abrindo a sua túnica para mostrar as cicatrizes de cem batalhas. Cicatrizes que tinham sido outrora, porventura, consequências de uma derrota, mas que depois de curadas se converteram em impulsos de recomeço e em medalhas de honra.

Viver ao lado de Deus

Se o otimismo é consequência da fé, não existe forma melhor de renová-lo do que renovar continuamente a compreensão desta verdade: a presença de Deus ao nosso lado.

Não pode haver coisa mais gozosa do que vivenciar — não apenas saber — que estamos caminhando para a Vida, que Deus nos ama mais do que o pai e a mãe mais amorosos do mundo, que por causa desse amor se fez homem, morreu por nós na cruz e se colocou ao nosso lado como o *caminho, a verdade e a vida* (Jo 14, 6). Acudir ao Senhor habitualmente, manter um diálogo vivo com Ele — como faziam os seus discípulos Marta, Maria e Lázaro —, isto é, fazer oração contínua, representa o segredo para conseguir a paz e o otimismo.

Não há coisa que realize maior transmutação de valores, uma passagem mais radical do pessimismo para o otimismo, do que manter a presença de Deus através do espírito de oração. O próprio Senhor é quem no-lo diz: *É preciso orar sempre e não desfalecer* (Lc 18, 1).

Temos que determinar-nos a fazer todos os dias um pouco de oração mental — esse diálogo amoroso com o Senhor —, para manifestar-lhe o nosso afeto e receber dEle uma injeção de ânimo e de esperança espiritual. Na oração, com a graça de Deus, conseguiremos transformar — como o fez Nosso Senhor no Horto das Oliveiras — qualquer sentimento de desânimo e de aflição nessa serenidade que nos permite enfrentar todas as dificuldades.

Mas não devemos reduzir a nossa oração a uns momentos isolados. Ela tem de prolongar-se ao longo do dia: *orar sempre*. Por isso devemos renovar continuamente a nossa presença de Deus; ter, como os soldados que estão de guarda, vigilantes, uma *senha* e *contrassenha* que nos abra a porta do amor de Deus.

Poderíamos escolher alguma jaculatória — uma frase curta, incisiva, significativa — para repeti-la ao longo de cada dia como lema, como "estribilho" reiterado sempre em face de determinadas circunstâncias.

Por exemplo, quando nos sentimos desanimados poderíamos dizer: *Tudo posso nAquele que me conforta* (Fl 4, 13); *Se Deus é por nós, quem será contra nós?* (Rm 8, 31); *O que é impossível aos homens é possível a Deus* (Lc 18, 27); *Podemos* (Mt 20, 22): com a tua graça, Senhor, eu posso.

Quando estamos intranquilos, podemos dizer: *O Senhor é meu pastor, nada me faltará* (Sl 23, 1); "Coração sacratíssimo e misericordioso de Jesus, dai-nos a paz".

Nos momentos em que sentimos que nos falta a fé: *Senhor, eu creio, mas ajuda a minha incredulidade* (cf. Mc 9, 24); *Senhor, aumenta a nossa fé* (Lc 17, 5); *Senhor, que eu veja* (Mc 10, 51).

Ou, se experimentamos insegurança: *O Senhor é minha luz e minha salvação, a quem temerei?* (Sl 27, 1); *O Senhor teu Deus está contigo: sê forte e corajoso* (Js 1, 9); "Tu és, Senhor, a minha fortaleza".

Se nos vemos dominados pela irritação: "Jesus, manso e humilde de coração, tornai o meu coração semelhante ao vosso". Quando nos sentimos fracos: *Senhor, se queres, podes limpar-me* (Mt 8, 2); *Senhor, em vós confio* (Sl 30, 15); *Jesus, filho de Davi, tem piedade de mim* (Mc 10, 47).

Ou se nos vemos pecadores: *Pai, pequei contra o céu e diante de si; já não sou digno de ser chamado teu filho* (Lc 15, 21); "Pai, perdoa-me"; *Senhor, tu sabes tudo, tu sabes que eu te amo* (Jo 21, 17). E assim por diante.

Pouco a pouco estas frases, estas ideias e estes sentimentos se tornarão carne da nossa carne, e um dia, sem perceber, sentir-nos-emos possuidores de uma força enérgica e suave ao mesmo tempo, *como um rio de paz* (Is 66, 12), manso e profundo, que nos arrasta. É a grande força de um Deus que não perde batalhas.

Então essa força de Deus em nós se tornará baluarte seguro de um otimismo inacessível ao desalento. Então, sim, serei capaz de exclamar: *Tudo posso naquele que me conforta*. E poderei dizer todos os dias, quando me levantar, com ânimo renovado: *Este é o dia que fez o Senhor, exultemos e alegremo-nos nele* (Sl 17, 14).

NOTAS

(1) H. Sopp, *Tratado de psicologia cotidiana*, Barcelona, 1965, pp. 106-107; (2) Josemaria Escrivá, *Questões Atuais do Cristianismo*, São Paulo, 1986, n. 88; (3) Santo Agostinho, *Confissões*, 1, 1; (4) S. Canals, *Reflexões espirituais*, São Paulo, 1984, pp. 100-101; (5) A. Bloch, *A lei de Murphy*, Rio de Janeiro, s.d., p. 13 e ss.; (6) A. Millán-Puelles, *Fundamentos de Filosofia*, Madri, 1962, p. 547; (7) J. Wassermann, *El caso Maurizius*, Barcelona, 1947, p. 324; (8) cf. A. Rodríguez, *Exercícios de perfeição*, Lisboa, 1946, t. I, p. 152; (9) *Ibid.*, p. 153; (10) Josemaria Escrivá, *Caminho*, São Paulo, 1983, n. 815; (11) cf. V. de Prada, *El Fundador del Opus Dei*, Madri, 1983, p. 441; (12) cf. W. Alvarez, *Viva em paz com seus nervos*, Rio de Janeiro, 1959, p. 69; (13) J.-P. Sartre, *Le diable et le bon Dieu*, Paris, 1958, p. 230; (14) *Id.*, *La Nausée*, Paris, 1960, p. 163-164; (15) A. Camus, *Le malentendu*, Paris, 1961, p. 19; (16) J. Cau, *La pitié de Dieu*, Paris, 1961, p. 121; (17) K. Jaspers, *La bombe atomique et l'avenir de Vhomme*, Paris, 1963, p. 217; (18) J.-P. Sartre, *Uêtre et le néant*, Paris, 1960, p. 708; (19) Josemaría Escrivá, *Caminho*, n. 575; (20) Santo Agostinho, *op. cit.*, 6, 16; (21) Josemaria Escrivá, *Caminho*, n. 378; (22) Ch. Charbonneau, *Le système et le chãos*, Paris, 1973, p. 173; (23) A. Camus, *Caligula*, Paris, s.d., p. 41; (24) *Id.*, *Le mythe de Sysiphe*, Paris,

1952, p. 143; (25) A. Koestler, *Janus*, Paris, 1979, p. 114; (26) N. Wiener, *Cibernética e sociedade*, São Paulo, 1968, p. 40; (17) J.-P. Sartre, *Saint Genêt, comedien et martyr*, Paris, 1964, p. 203; (28) F. Dostoiévski, *Les Possédês*, Paris, 1964, p. 608; (29) Josemaria Escrivá, *Carta de* 19.01.1959, in F. Gondrand, *Al paso de Dios*, Madri, 1984, p. 67; (30) Santa Teresa, *Livro da Vida*, Petrópolis, 1961, p. 199-200; (31) *Id.,.Obras de Santa Teresa de Jesus*. t. V: *Conceitos do amor de Deus*, Petrópolis, 1951, p. 17; (32) J. M. Albareda, *Consideraciones sobre Ia investigación científica*, Madri, 1951, p. 17; (33) L. Tolstói, *Guerra e paz*, Rio de Janeiro, 1960, p. 339- -354; (34) Josemaria Escrivá, *Caminho*, n. 702; (35) cf. R. M. Eyzaguire, *Tesoro escondido*, Santiago de Chile, 1982, p. 126 e 245 ss.; (36) G. Chevrot, *Simão Pedro*, São Paulo, 1967, pp. 158-159; (37) *Los Evangelios apócrifos*, Madri, 1984; (38) cf. V. de Prada, *op. cit.*, p. 314; (39) E. Porter, *Poliana*, Rio de Janeiro, s.d.

Direção geral
Renata Ferlin Sugai

Direção editorial
Hugo Langone

Produção editorial
Juliana Amato
Gabriela Haeitmann
Ronaldo Vasconcelos
Daniel Araújo

Capa
Provazi Design

Diagramação
Sérgio Ramalho

ESTE LIVRO ACABOU DE SE IMPRIMIR
A 24 DE MARÇO DE 2025,
EM PAPEL OFFSET 90 g/m^2.